ÍNDICE

INTRODUCCION 2
   TIPOS DE ANÁLISIS 3
      ANÁLISIS FUNDAMENTAL 3
      ANÁLISIS TÉCNICO 3
LAS VELAS JAPONESAS 6
   TEMPORALIDADES DEL GRAFICO DE VELAS 6
   TIPOS DE VELAS JAPONESAS 9
TIPOS DE TENDENCIA 12
   LÍNEA DE TENDENCIA 12
   TIPOS DE TENDENCIA 13
   ¿QUÉ SUCEDE CUANDO UN FONDO DE INVERSIÓN O UN GRAN BANCO ENTRA AL JUEGO?. 14
   LA IMPORTANCIA DE LAS NOTICIAS 14
   TEMPORALIDADES 15
   (TENDENCIA PRINCIPAL, SECUNDARIA Y TERCERA) 15
      TENDENCIA PRINCIPAL 16
      TENDENCIA SECUNDARIA 16
      TENDENCIA TERCERA 17
SOPORTES Y RESISTENCIAS 18
   INDICADORES TÉCNICOS 19
LA ESTRATEGIA 22
   COMPONENTES DE LA ESTRATEGIA 23
      GESTIÓN MONETARIA 23
      EL MULTIPLICADOR (APALANCAMIENTO) 23
      REGLAS PARA OPERAR 24
APLICANDO LA ESTRATEGIA A LA OPERACIÓN 24
   RECOMENDACIÓN PERSONAL 29

LA MEJOR MANERA DE OPERAR EL MERCADO FOREX

INTRODUCCION

En los mercados de valores existen diferentes productos financieros donde podemos operar y en estos tiempos es mucho más fácil acceder a ellos. Hace algunos años cuando el internet no se encontraba al alcance de la mayoría de la población mundial, la única forma de invertir era a través de intermediarios financieros que trabajaron y aún trabajan en las casas de valores y bancos de inversión en todo el mundo.

Sin embargo, ahora en nuestro tiempo únicamente es necesario poseer una computadora con acceso a internet, un bróker que nos facilite una plataforma, y en menos de un segundo nosotros mismos podremos invertir y tomar decisiones personales sobre nuestros activos financieros. Aún así, a pesar de los grandes avances tecnológicos que tenemos en la actualidad y de la información abundante que podemos recibir sobre inversiones en los mercados de valores, esto no garantiza que podamos salir beneficiosos de aquello. Al contrario, la falta de información nos hará perder dinero y lo hablo con experiencia propia.

Así que si usted está interesado en aprender a invertir en los mercados de valores es importante que se eduque primero para evitar perder su dinero.

En los mercados de valores o en las bolsas de valores existen varios productos financieros. Es igual que cuando vamos a un supermercado tradicional de nuestra ciudad, y observamos que dentro tienen varios artículos para la venta. El concepto es el mismo, sin embargo, el uso que daremos a estos productos es distinto.

Por ejemplo, en los mercados de valores podemos negociar con materias primas (oro, petróleo, café, etc.). De igual manera, existen números y paquetes de acciones que algunas compañías ofrecen al público con la intención de capitalizarse como por ejemplo (Apple, Microsoft, Meta, etc.) e incluso existen productos más complejos como productos derivados como son los CFD`S, futuros, las opciones binarias entre otros.

En este libro nos centraremos en el mercado de las divisas o FOREX, que no es otra cosa que la negociación que se realiza con los cruces o interacciones del precio de distintas monedas o divisas de diferentes países, y que al apreciarse una o depreciarse otra, se obtendrá un beneficio dependiendo de si usted entra en compra o en venta.

Así mismo como usted puede obtener beneficios también podría generar pérdidas ya que el mercado de divisas es el más volátil del mundo, lo que significa que todo el tiempo se encuentra en movimiento hacia arriba y hacia abajo, y ¡vaya! que movimientos.

Antes de entrar en materia es menester señalar las principales características del mercado de divisas para conocimiento del lector:

1. El mercado de divisas es el que mueve mayor volumen de efectivo en el mundo. (Se mueven aproximadamente 3 trillones de dólares al día y lo realizan bancos, fondos de inversión, grupos económicos y personas naturales como usted y yo.)
2. Es el que tiene mayor volatilidad o movimiento por minuto al alza y a la baja que cualquier otro mercado.

3. En este mercado se encuentran los cruces las principales divisas del mundo (EURO, DÓLAR AMERICANO, DÓLAR CANADIENSE, DÓLAR AUSTRALINO, LIBRA ESTERLINA, YEN JAPONÉS, ENTRE OTRAS)
4. Se encuentra abierto las 24 horas del día, los 365 días del año y dependiendo del BROKER (La empresa encargada de ofrecernos el servicio y la plataforma para operar, se puede invertir en cualquier momento que deseemos.)
5. Los beneficios obtenidos pueden ser muy buenos, así mismo como las pérdidas pueden ser altas si no se estudia y no se sigue un método para operar en divisas.

Es mi responsabilidad señalar que el mercado de divisas puede ser muy riesgoso si no se maneja una estrategia coherente y una buena gestión del capital.
Algo que a lo largo de este libro lo explicaré.

Dedicatoria.
Dedico este libro a todas aquellas personas que desean superarse cada día y que ven a través del trading de divisas una oportunidad de salir adelante en sus vidas, ¡muchos éxitos querido lector!

Ya que se ha explicado lo que concierne al mercado de divisas y sus características; ahora comenzare a explicar desde las bases fundamentales, así que, si usted ya las conoce podría adelantarse directamente a la estrategia.

TIPOS DE ANÁLISIS

Para operar en los mercados de divisas o FOREX usted tiene que tomar en cuenta dos tipos de análisis, el *ANÁLISIS FUNDAMENTAL Y EL ANÁLISIS TÉCNICO.*

ANÁLISIS FUNDAMENTAL

Es aquel análisis que se centra en las noticias, decisiones políticas, económicas y sociales de los países emisores de la moneda que estemos operando.

Este análisis es muy importante tomarlo en cuenta en los mercados financieros en general ya que son muy sensibles ante los acontecimientos ya antes mencionados. Estos acontecimientos pueden desencadenar movimientos alcistas o bajistas en nuestras entradas poniendo así en riesgo la operación o en el mejor de los casos proporcionándonos una ventaja inesperada.

Por ejemplo (en una noticia hipotética), si se anuncia un recorte de suministro de crudo hacia estados unidos por parte de Arabia Saudita, esta noticia provocaría que el DÓLAR AMERICANO se deprecie y caiga su valor en varios puntos, y si, nos encontramos en una operación donde decidimos comprar el dólar, entonces esto nos haría perder nuestro capital en esta operación.

ANÁLISIS TÉCNICO

Este tipo de análisis se lo realiza a través de gráficos e indicadores que necesitaremos para operar. En este concepto tenemos cuatro tipos de gráficos:

GRÁFICO DE LÍNEAS

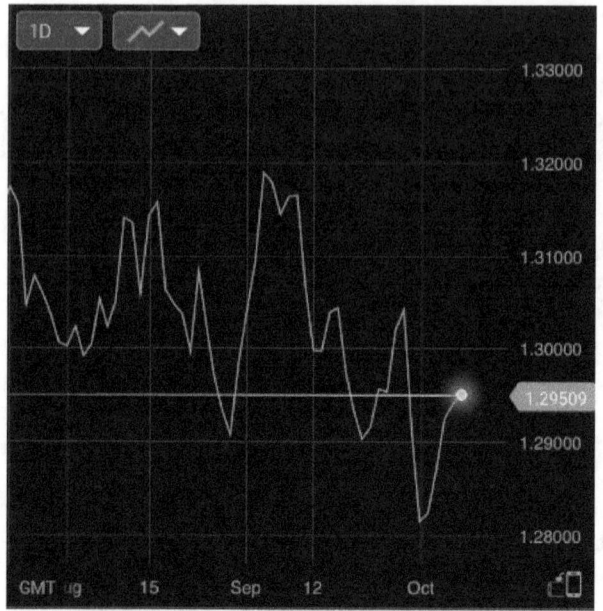

GRÁFICO DE ÁREA

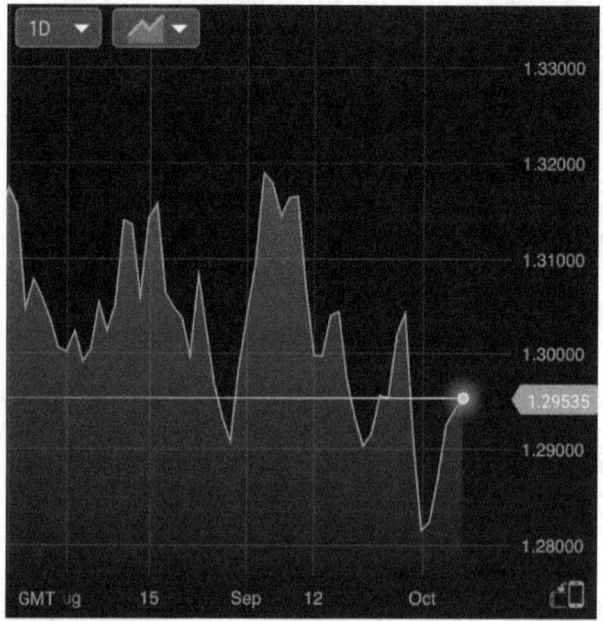

GRÁFICO DE BARRAS

GRÁFICO DE VELAS JAPONESAS

He dejado en tamaño más grande el gráfico de velas japonesas a propósito ya que es necesario que usted lo observe muy bien porque será el tipo de gráfico que usaremos para el análisis, sin desmerecer a los otros tipos de gráficos, la verdad es que la estrategia es más efectiva con las velas japonesas, y es por esto motivo que es el tipo de gráfico más utilizado.

Aun así, los otros tipos de gráficos se pueden utilizar para una visión más general de lo que sucede con el cruce de divisas que seleccionemos.

LAS VELAS JAPONESAS

Las velas japonesas son una técnica de gráficos y análisis usada en economía inicialmente por los japoneses. Surgen en Japón en el siglo XVIII, en el mercado del arroz para analizarlo con mayor exactitud.

Es actualmente el tipo de gráfico más utilizado por los TRADERS de todo el mundo (personas o representantes de instituciones que realizan el trading o que operan en los mercados financieros). Ya que al momento del análisis técnico las velas japonesas reflejan la historia de la vela, cuando ésta se termina de formar o la posición donde nace o se marchita. Conocer la historia de la vela nos servirá para analizar la historia del precio en un periodo de tiempo determinado.

Aquí las tenemos.

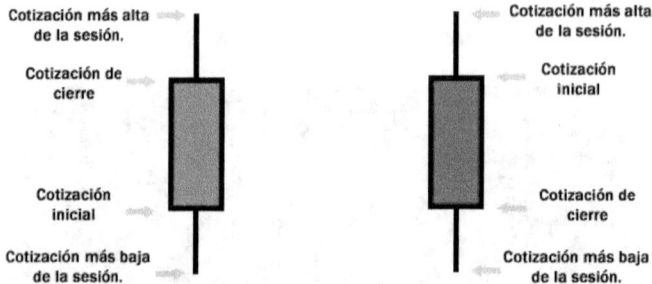

La cotización inicial, es el valor o el precio de la divisa al iniciar la vela o cuando esta nace.

La cotización de cierre, es el valor o el precio de la divisa en la que la vela terminó su vida.

Cotización más baja de la sesión, es el precio más bajo que la vela alguna vez alcanzó en su vida útil.

Cotización más alta de la sesión, es el precio más alto que la vela alguna vez alcanzó en su vida útil.

Las velas japonesas no siempre tienen estas formas, de hecho, tienen varias formas y tamaños que explicaré más adelante, sin embargo, es necesario explicar que cada **sesión** depende del tipo de temporalidad o período de tiempo en que se haya formado la vela.

TEMPORALIDADES DEL GRAFICO DE VELAS

En el gráfico de velas japonesas y en los demás tipos de gráficos que mencioné anteriormente se pueden analizar diferentes temporalidades y por cada período de tiempo el gráfico será diferente, esto es importante entenderlo ya que nos servirá para la estrategia.

A continuación, mostraré ejemplos. (Todos los gráficos son del mismo cruce de divisas el USD/CAD, pero con temporalidades diferentes)

GRÁFICO DE 1 DÍA

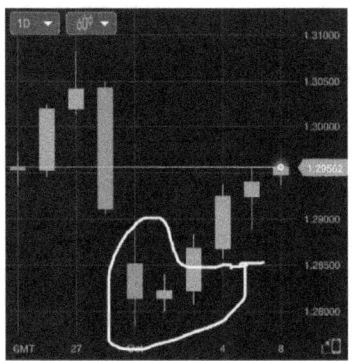

He señalado esta vela dentro de un cordón porque será la que analizaremos, nótese que en la esquina superior izquierda se encuentra la temporalidad 1D es un día. Significa que cada vela se ha formado en 1 día, en este caso lo que ocurre en el cordón se ha formado en 2 días y medio aproximadamente.

GRÁFICO DE 4 HORAS

Es muy importante entender que lo que se encuentra dentro del cordón es lo que ocurrió dentro de las tres velas anteriores del gráfico de 1 día, ya que esta temporalidad es de 4 hora y por tanto cada vela que se encuentra dentro de este cordón ha tenido una vida de 4 horas, y después de ha formado la siguiente. Nótese que es la misma divisa pero en cada temporalidad va cambiando su estructura interna.

GRÁFICO DE 1 HORA

En esta temporalidad podemos apreciar muchas más velas y el gráfico un poco más horizontal, esto se debe a que es lo que hay dentro de las velas de 4 horas y de 1 día. Aquí en este gráfico, cada vela que observamos tuvo su tiempo de vida de 1 hora, o sea, en una hora se formó y luego en otra hora nació la siguiente vela.

GRÁFICO DE 15 MINUTOS

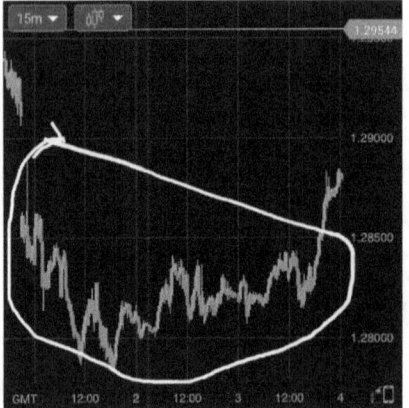

Éste es un gráfico mucho más pequeño, de hecho, tuve que alejar el zoom par que se pueda distinguir la forma del gráfico, ya que si lo acercase no se entendería, aquí cada una de las velas casi no se ven, solo se distingue una tendencia parecida a las anteriores, esto es lo que ocurre dentro de las velas de las velas del gráfico de 1 hora, 4 horas, 1 día.

GRÁFICO DE 5 MINUTOS

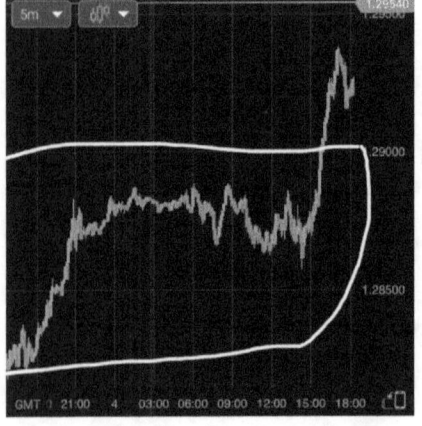

Aquí se puede solo distinguir la parte final de la tendencia ya que el zoom no permite alejar más, esto es uno de los niveles más bajos de temporalidades y refleja lo que ocurre dentro de los tiempos ya antes explicados.

CONCLUSIÓN

Mientras mayor sea la temporalidad del gráfico, se podrá encontrar muchas más velas en temporalidades menores, y por tanto muchas tendencias que se han formado.

Esto significa que conforme la temporalidad aumenta, también aumenta el número de velas dentro de la misma. Es como si dentro de una gran montaña encontramos muchas piedras grandes y a su vez dentro de estas mismas muchas piedrecillas.

Por favor tómese el tiempo necesario para entender este concepto ya que es importante para la estrategia en la que se basa este libro.

TIPOS DE VELAS JAPONESAS

A estas alturas del libro, gracias a los gráficos anteriores de seguro se habrá percatado que las velas no son iguales y que algunas toman diferentes formas y colores.
Esto se debe a la acción del precio en el momento presente. Pero, sobre todo, a la batalla entre la oferta y la demanda junto con noticias, decisiones políticas y a otros factores que explicaré más adelante. Todo se descuenta en el precio, o, dicho de otro modo, toda información disponible por parte de los inversores, se encuentra dentro del precio.

Volviendo al tema, existe varios tipos de velas japonesas y algunas con similares características físicas. Etas han sido agrupadas en diferentes nombres para ser descritas.

Por el tiempo que nos tomaría explicar todas nos basaremos en las más importantes, de hecho, más que los nombres es mejor entender la dirección que han decidido tomar y por qué han tomado su forma. Gracias a esto, entenderemos el comportamiento de las velas y lo que representan, o lo que nos quieren decir en el gráfico.

Las principales son:

LAS VELAS ALCISTAS: Son aquellas que nacen en un mínimo y cierran en un máximo, generalmente son de color verde o blanco y lo que nos indican es que la dirección del precio se mueve hacia arriba.

LAS VELAS BAJISTAS: Son aquellas que nacen en un máximo y cierran en un mínimo, generalmente son de color rojo o negro y lo que nos indican es que la dirección del precio se mueve hacia abajo.

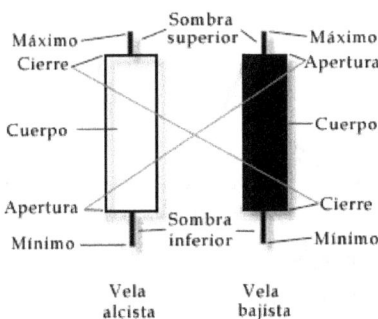

Ahora, le presentaré otros tipos de velas que suelen ser los más comunes en los gráficos y que al encontrarlas, podremos tomar posiciones más seguras en compra o venta.

VELA ENVOLVENTE BAJISTA:

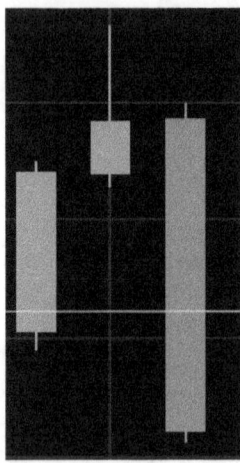

Es la vela roja que se muestra en el gráfico, esta vela nos indica un cambio de tendencia hacia abajo ya que envuelve completamente a las otras dos velas verdes alcistas anteriores, por lo general esta vela la encontramos en la parte más alta de una tendencia alcista.

Cuando observemos esta vela sería muy conveniente operar en venta o corto.

VELA ENVOLVENTE ALCISTA:

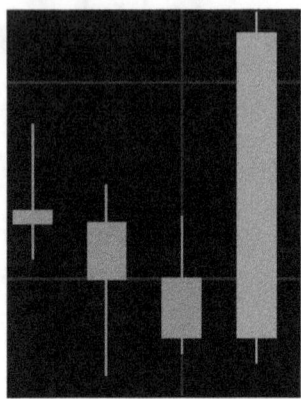

Aquí podemos observar una vela envolvente igual que la anterior, solo que esta es alcista. Nótese como envuelve con facilidad a las otras tres velas bajistas, esto nos indica un cambio de tendencia hacia arriba, sería conveniente entrar en compra si vemos esta oportunidad.

Generalmente este tipo de velas se encuentra al final de una tendencia bajista.

HOMBRE COLGADO:

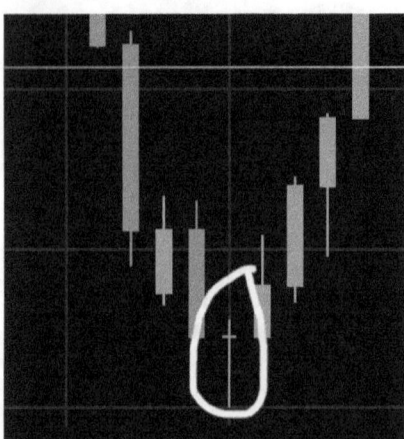

Este tipo de vela nos indica un cambio de tendencia hacia arriba o alcista, ya que se las encuentra por lo general al final de una tendencia bajista, su fiabilidad es muy alta, su figura es parecida a la que tendría un hombre colgado y esto se debe a que el precio intentó bajar más, pero la fuerza del mercado lo hizo retroceder hasta empujarlo a formar una nueva tendencia alcista.

MARTILLO INVERTIDO O ESTRELLA FUGAZ:

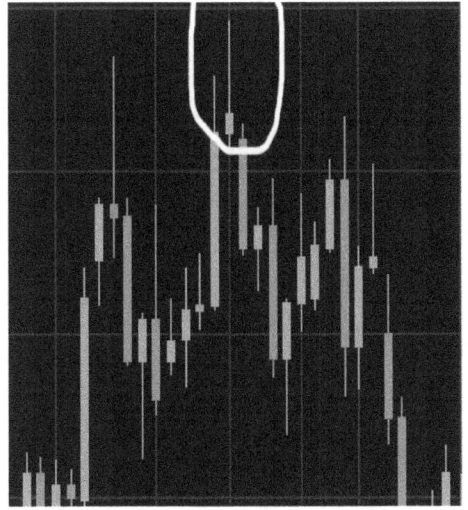

Este tipo de vela es lo contrario al hombre colgado, y representa un cambio de tendencia hacia la baja o bajista, aparece por lo general al final de una tendencia alcista y su fiabilidad es muy alta.

El concepto es exactamente el mismo, ya que en este caso el precio debió haber subido más, sin embargo la fuerza del mercado lo empujó hacia abajo formando así la estrella fugaz, nótese que a continuación de esta vela nace una tendencia bajista.

VELAS DOJIS:

Este tipo de velas son muy importantes tomar en cuenta ya que nos demuestran indecisión en el mercado. Quiere decir que los compradores y los vendedores tienen una fuerza muy parecida y el precio no se logra decidir hacia dónde quiere ir.

Es importante, por lo tanto, no entrar en el mercado cuando aparezcan este tipo de velas ya que no sabemos realmente hacia donde irá el precio, así como se muestra el gráfico. En un principio hay indecisión, después el precio toma una dirección alcista en la vela ver grande, para luego arrepentirse y retroceder en la siguiente vela roja.

Es mejor esperar a que el precio decida tomar una dirección para después elegir entrar.

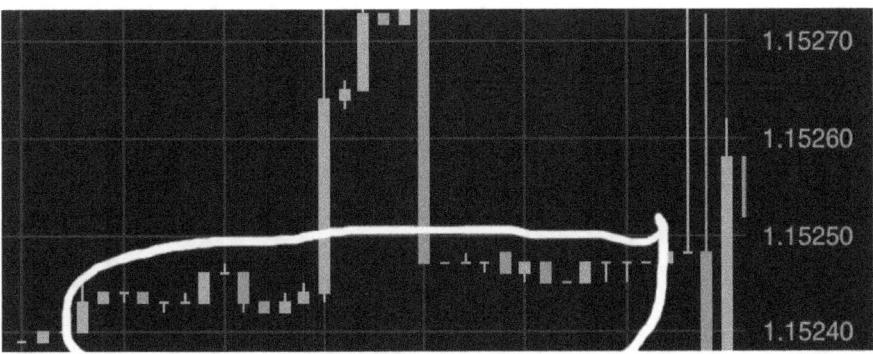

TIPOS DE TENDENCIA

Bienvenidos al mundo de las tendencias, es decir a la interpretación de las fuerzas del mercado

La regla de oro es: ***"SIEMPRE OPERE EN DIRECCION A LA TENDENCIA, JAMAS EN SU CONTRA".***

Una tendencia que se forma en FOREX es la dirección que decide tomar el precio del activo cuando este se encuentra influenciado por las fuerzas del mercado.

LÍNEA DE TENDENCIA

La línea de tendencia es un indicador que se utiliza para determinar una tendencia dentro del gráfico, la dibujamos uniendo 2 o más puntos en los precios máximos o mínimos dependiendo del tipo de tendencia que nos encontremos.

Es importante tomar en cuenta que la línea de tendencia sirve para determinar la dirección del precio, y en qué punto es probable que éste rebote al alza o a la baja. También se utiliza para determinar un cambio en la dirección de la tendencia cuando la línea se rompe.

*CONCEPTO DE REFUERZO

LA FUERZA DEL MERCADO

Es la fuerza que tienen los participantes del mercado, me refiero a los compradores y los vendedores.

TIPOS DE TENDENCIA

-Tendencia Alcista:

Mayor cantidad de compradores o mayor cantidad de operaciones en compra. Se habla de una tendencia alcista cuando tomamos 2 o más velas en sus mínimos y los unimos con una línea recta. Solo así se convierte en tendencia.

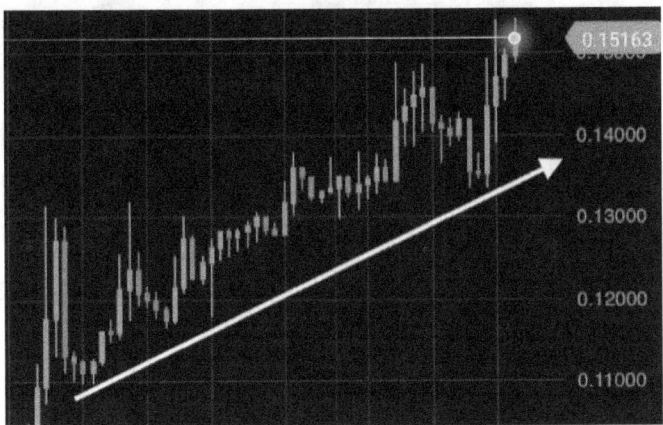

-Tendencia bajista:

Mayor cantidad de vendedores en el mercado o mayor cantidad de órdenes de venta. Se habla de una tendencia bajista cuando tomamos 2 o más velas en sus máximos y los unimos con una línea recta. Solo así se convierte en tendencia.

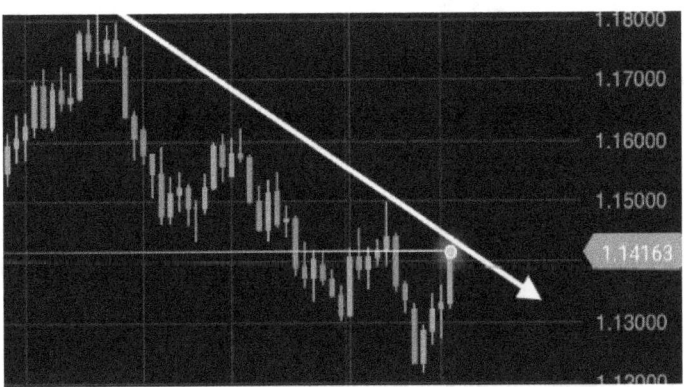

-Lateral:

Equilibrio entre las fuerzas compradoras y vendedoras (oferta y demanda), y por consecuente no se decide una dirección del mercado. Se representa dibujando máximos y mínimos de dos o más puntos de ambas tendencias para graficarlo.

No recomiendo operarlos, ya que obviamente la dirección final se desconoce y hay mucha incertidumbre. En este caso, es mejor esperar a que el mercado se decida para entrar en una posición más segura. Sin embargo, sí se pueden operar laterales. Y si usted encuentra una buena oportunidad, podría operar a corto plazo dependiendo la temporalidad del grafico que elija. Aun así, recomiendo tener mucho control sobre la operación todo el tiempo ya que en los laterales suelen aparecer falsas rupturas.

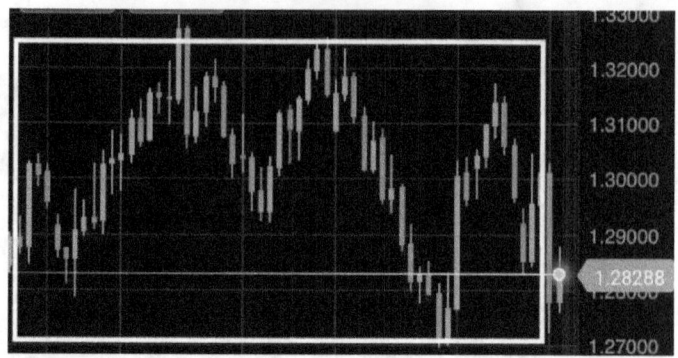

Ejemplo de interpretación de tendencia:

Supongamos que en el mercado del EUR/USD existen más compradores que vendedores, esto entonces provocará que la tendencia sea alcista y permanecerá en esa dirección hasta que la cantidad de ventas sea mayor o que entren más vendedores al mercado lo que provocará una caída del precio y por ende un cambio de tendencia a bajista.

¿QUÉ SUCEDE CUANDO UN FONDO DE INVERSIÓN O UN GRAN BANCO ENTRA AL JUEGO?

Los fondos de inversión y los bancos son lugares donde las personas colocan su dinero para recibir beneficios por sus ahorros. Por tanto, son instituciones de inversión con un alto capital monetario. Además, ellos también invierten en los mercados financieros al igual que usted y yo.

La diferencia radica en que cuando estas instituciones abren una operación, lo hacen con millones y millones de dólares. Lo que provoca muchas veces que el mercado cambie de dirección a su favor.

Como usted entenderá no es lo mismo ingresar con $5000 dólares con una orden que hacerlo con $200 millones o más. Y en realidad es así como los grandes participantes del mercado son los que por lo general mueven el precio. Nosotros como pequeños inversores lo único que podemos hacer es operar con ellos a su favor y hacia la dirección en que se encuentre el mercado.

LA IMPORTANCIA DE LAS NOTICIAS

Como lo expliqué con anterioridad, el mercado de divisas es muy sensible a las decisiones políticas, económicas y sociales que pueda afectar a los países donde su moneda se encuentre cotizando.

Sin embargo, por lo general estas decisiones no suelen generar un gran cambio en temporalidades altas. Por lo general una vez que pasan estas noticias, la dirección del mercado continúa su rumbo anterior, como se puede apreciar en el siguiente ejemplo gráfico:

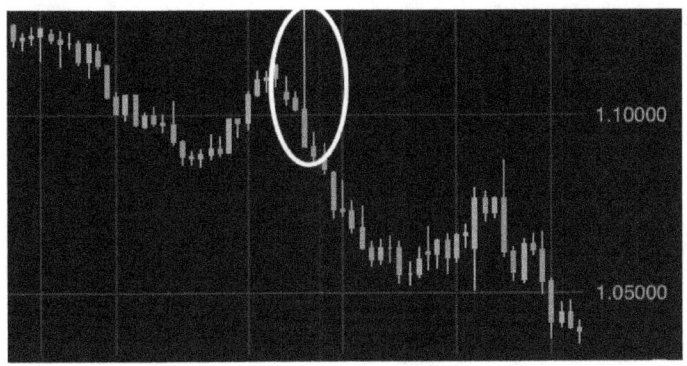

¿Podemos dimensionar el gran pabilo que se formó?

Pues seguramente en su momento fue una vela verde grande creada por alguna noticia fuerte ya que el gráfico es de 1 día. Lo que significa que recorrió mucho camino y muchos puntos, esto significa a su vez, que si alguien en ese preciso momento tuvo una operación abierta con dirección bajista la hubiese perdido. Sin embargo, al finalizar el acontecimiento la vela regresó a su posición original para continuar con la tendencia.

Pero... no siempre es así.

En el ejemplo anterior la vela se provocó en un gráfico de 1 día lo que significa que la noticia fue muy fuerte o de gran impacto, y que, al finalizar la noticia la vela regresó a su posición original para continuar con la tendencia principal.

Pero en algunas ocasiones la noticia llega a ser tan fuerte o trascendental que cambia la dirección del mercado y este no se recupera más en la dirección original.

Por este motivo es importante protegernos ante la volatilidad en contra que puede existir en el mercado, y esto lo lograremos gracias a nuestra estrategia, y a los STOPS LOSS que explicaré más adelante.

TEMPORALIDADES.
(TENDENCIA PRINCIPAL, SECUNDARIA Y TERCERA)

Dentro de los tipos de tendencia (alista, bajita y lateral), así como en el gráfico de velas, estas cambian según su temporalidad y no todas llevan la misma fuerza de mercado. Así que no todas las tendencias tienen la misma importancia a tomar en cuenta.

Todo dependerá de nuestra estrategia al momento de operar.

TENDENCIA PRINCIPAL

Es la más fuerte de todas, ya que lleva formándose por más tiempo que las demás por ende es la que tenemos que tomar en cuenta al momento de aplicar la estrategia. Se la puede encontrar en gráficos con temporalidades altas como de 1 día o 1 mes como máximo. Su duración suele ser de 3 meses a 6 meses o más.

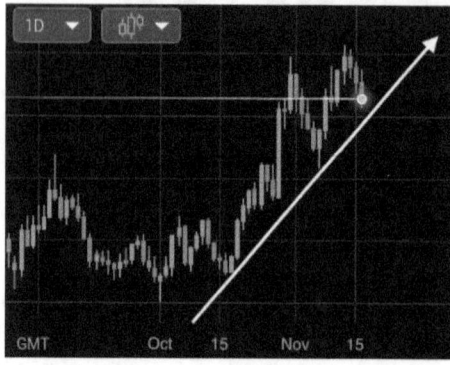

Analizando este gráfico de 1 día estamos hablando de una tendencia principal alcista que se ha formado desde inicios de octubre hasta mediados de noviembre.

Como usted puede observar, la línea de tendencia es muy exacta referente a los puntos así que, si la línea de tendencia se mantiene recta podremos predecir en cual punto el precio posiblemente volverá a subir.

Lo que se demuestra en el gráfico es que los compradores han ganado la batalla de precios y por ende los vendedores tendrán que esperar a que el precio se debilite y aprovechar la oportunidad para entrar con fuerza e intentar cambiar la dirección de la tendencia a su favor.

En este caso, la vela roja está a punto de tocar la línea de tendencia lo que significa que, si el patrón se mantiene normal, se esperaría que al tocar la línea que hemos dibujado el precio suba.

TENDENCIA SECUNDARIA

Es la tendencia que se encuentra dentro de la tendencia principal.

Cuando se encuentra en dirección a la tendencia principal, demuestra la fortaleza del mercado y cuando se pone en contra, demuestra por lo general la toma de beneficios por parte de los inversores o especuladores.

Esta tendencia se la puede encontrar en gráficos semanales y diarios.

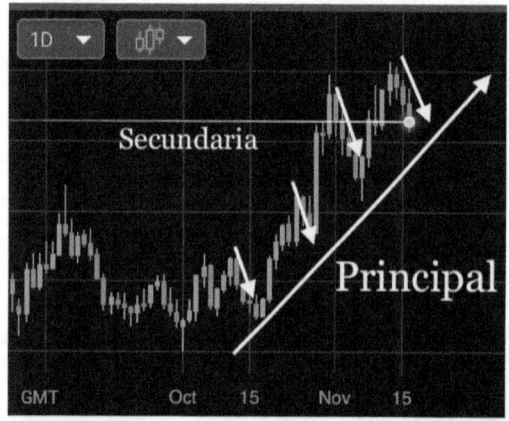

En el mismo gráfico podemos ver como la tendencia secundaria es bajista e intenta hacer que el precio claudique definitivamente en varias ocasiones, sin lograr éxito. Debido a que la tendencia principal es la mas fuerte.

La tendencia secundaria puede durar hasta que la tendencia principal se acabe. Es decir, después de varios meses o años incluso. Y las velas que se forman en ella puede ser de tres días o una semana como lo vemos en el gráfico que, como yo lo explique antes cada vela representa 1 día.

TENDENCIA TERCERA

Esta es la tendencia que se encuentra dentro de la tendencia secundaria, y al igual que la anterior, es rebelde a su antecesora siempre siguiendo la dirección de la tendencia principal, se la puede observar en temporalidades mucho más bajas de 4 horas, 1 hora o menos y su volatilidad es mucho más alta porque la temporalidad es menor. Esta tendencia por lo general puede durar máximo 1 día.

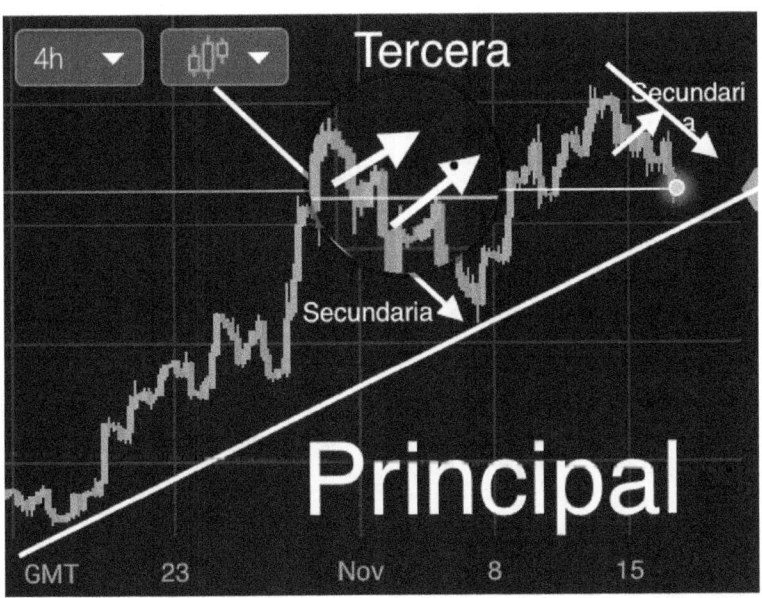

Este es el mismo gráfico de los dos ejemplos anteriores, nótese que dentro de la tendencia secundaria aparecen varios retrocesos del precio formando así la tendencia tercera.

SOPORTES Y RESISTENCIAS

Ahora que usted ya conoce y entiende lo que es una tendencia, es hora de aprender a interpretar y hasta poder predecir cuál será el futuro de ésta en base a sus soportes y resistencias.

Como ya lo expliqué anteriormente, una tendencia es la dirección que toma el precio en el análisis técnico. Sin embargo, éstas no son perpetuas en el tiempo, sino que cambian de dirección o puede que se terminen conforme se acercan a sus soportes y resistencias.

Un soporte:

Es un límite mínimo donde el precio se detiene para rebotar hacia una dirección alcista, este se dibuja uniendo 3, 4 o más puntos mínimos en el gráfico que se encuentre analizando. (Los soportes son el suelo del precio)

Una resistencia:

Es un límite máximo donde el precio se detiene para rebotar hacia una dirección bajista, este se dibuja uniendo 3, 4 o más puntos máximos en el gráfico que se encuentre analizando. (Las resistencias son el techo del precio)

En realidad, se podría decir que los soportes y las resistencias son puntos históricos en el gráfico en el cual el precio se ha detenido alguna vez y es probable que lo vuelva a hacer en el futuro.

Si usted al analizar logra observar que una tendencia está a punto de terminar, debido a que se está acercando hacia un soporte o resistencia, usted tendrá una gran ventaja para operar.

¿Eso significa entonces que los soportes y las resistencias son 100% seguros?

No, ya que como en todo existe otra posibilidad, imagínese que el precio está cerca a un soporte o resistencia, y éste logra romperlo, ¿que sucede entonces?

Pueden suceder dos cosas:

1. Que la vela perfore un poco el soporte o resistencia, y después de cierto tiempo esta regrese a los límites para rebotar como pelota en el sentido contrario. Si sucede esto, el soporte o resistencia habré cumplido su función.

2. Que la vela con una gran fuerza perfore el soporte o resistencia, y esta continúe su dirección sin cambiar su rumbo. Este ejemplo es muy común, y es un gran indicador de que el mercado a decidido tomar una nueva dirección estable a larga plazo (dependiendo de la temporalidad en que se encuentre operando). Si sucede esto, e probable que haya nacido una nueva tendencia.

INFORMACIÓN DE REFUERZO

Recordemos el capítulo anterior sobre tendencias; hablamos sobre los laterales y decíamos que se forman por la indecisión del precio. Es en los laterales donde siempre encontramos soportes y resistencias, y, de hecho, es importante comprender que las tendencias alcistas y bajistas se encuentran siempre conformadas de laterales.

TEMPORALIDADES DE LOS LATERALES

Los laterales, así como las velas tienen un tiempo de vida (por así decirlo) y dependerá de la temporalidad del gráfico que se esté analizando la duración de éstos.

Por ejemplo, en un lateral de un gráfico de 1 minuto, se podrá ver cambios como rompimientos de soportes y resistencias en tal vez 5 o 10 minutos, así que este lateral no durará mucho. Sin embargo, si analizamos un lateral formado en un gráfico de 1 año, posiblemente tendremos que esperar 2 o 3 años para ver los cambios y es completamente normal debido al tiempo en que se forma cada vela.

INDICADORES TÉCNICOS

En este libro no se profundizará en indicadores, pero expondré el tema.

Los indicadores son una herramienta muy útil en el análisis técnico, estos nos sirven para buscar las mejores entradas y al mismo tiempo para confirmar la dirección de la tendencia.

En el mundo de los indicadores existe gran variedad, sin embargo, los mejores y los más utilizados son los siguientes:

RSI (*Índice de Fuerza Relativa*)

El RSI es un indicador de tipo oscilador que refleja la fuerza relativa de los movimientos alcistas, en comparación con los movimientos bajistas. Es utilizado como el mejor indicador por los operadores para medir la fuerza de una tendencia e identificar señales de fin de tendencia.

Para poder interpretar este índice básicamente es necesario analizar los niveles 70 y 30, cuando el precio se encuentre en los niveles mayores o iguales a 70 quiere decir que el activo se encuentra sobrecomprado y cuando se encuentra en niveles iguales o menores a 30 significa, al contrario, que se encuentra sobrevendido. Lo que significa a su vez que si nos encontramos en Compra y el precio en el RSI se encuentra en el nivel 70 o más lo mejor será cerrar la operación y buscar ventas y para efecto contrario si se encontrase en Venta ya que en ambos casos el precio es muy probable que se dará la vuelta cuando se encuentre en esos niveles.

Para configurar el SRI lo recomendable es dejarlo por defecto en 14 últimos movimientos.

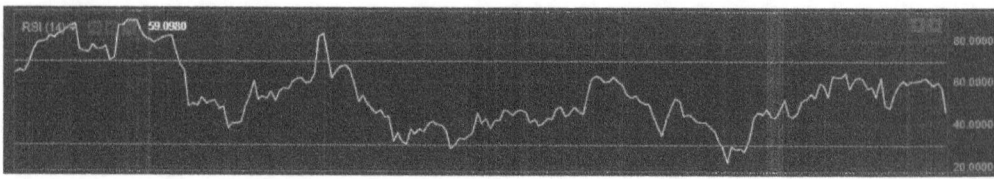

Medias móviles simples

Una media móvil simple es la media aritméticas de los datos anteriores, en resumen, sería una línea que promedia los movimientos de un activo, sea esta de los últimos períodos que elija, por ejemplo, tenemos medias móviles de 50 últimos movimientos o de 100 o de 200, en fin, usted puede elegir la que desee según en su operativa.

¿Y, por qué son tan importantes las medias móviles?

Porque básicamente porque actúan como soportes y resistencias deteniendo el precio o rompiendo con fuerza. Las medias móviles más utilizadas son la de 50, 100 y 200 períodos, donde esta última es considerada casi un soporte o una resistencia impenetrable, ya que mientras más amplia sea la media móvil más fuerte se vuelve para ser superada, y cuando esto sucede el precio sale disparado, aunque la mayoría de las veces es una tarea difícil.

Como se puede observar en este gráfico, el precio rebota algunas veces con la media de 50 movimientos sin conseguir perforarla, sin embargo, cuando al fin lo consigue lo hace con fuerza que se expresa con una vela roja grande, donde baja para finalmente ser detenida por la media de 200 períodos.

Una estrategia de las medias móviles consiste en comprar cuando la media más pequeña cruza con la grande en dirección alcista y vender cuando la media más pequeña cruza con la media más grande en dirección bajista.

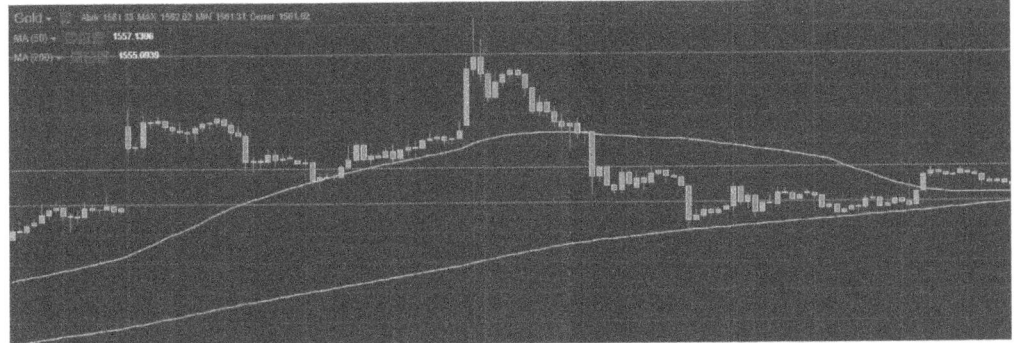

MACD

El MACD es un indicador utilizado en análisis técnico tanto para detectar tendencias y cambios de tendencia como para saber si el precio de un activo se encuentra sobrecomprado o sobrevendido. Este indicador señala la diferencia entre una media móvil exponencial (EMA) rápida (de período corto) y una EMA lenta (de período más largo).

Para interpretar el MACD es importante analizar 3 posibles escenarios:

1. El cruce de sus medias: Cuando estas se cruzan en sentido alcista es señal de compra y cuando lo hacen en sentido bajista, de venta.

2. Cuando se cruza la Línea cero: Cuando ambas medias cruzan la línea del medio, también llamada línea cero, se debe tomar como señal de compra o venta según la dirección del cruce, en pocas palabras, si cruza la línea cero hacia arriba es señal de compra y si lo hace hacia abajo es venta.

Ahora analicemos el siguiente gráfico:

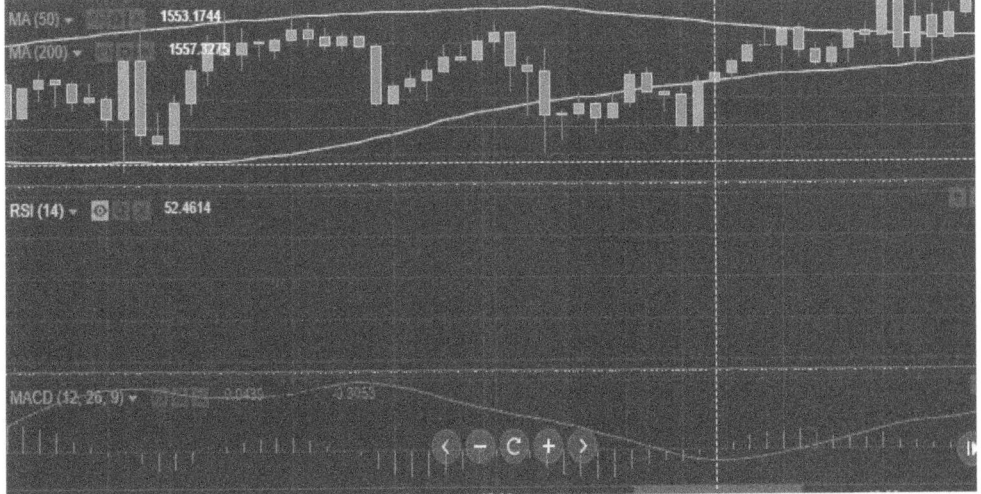

Justo donde se encuentra el cursor, se puede ver como apenas se cruzan las líneas del MACD hacia arriba, el precio comienza a subir y cuando cruza la línea cero el precio continuo la tendencia.

Ahora analicemos el gráfico con los tres indicadores antes explicados:

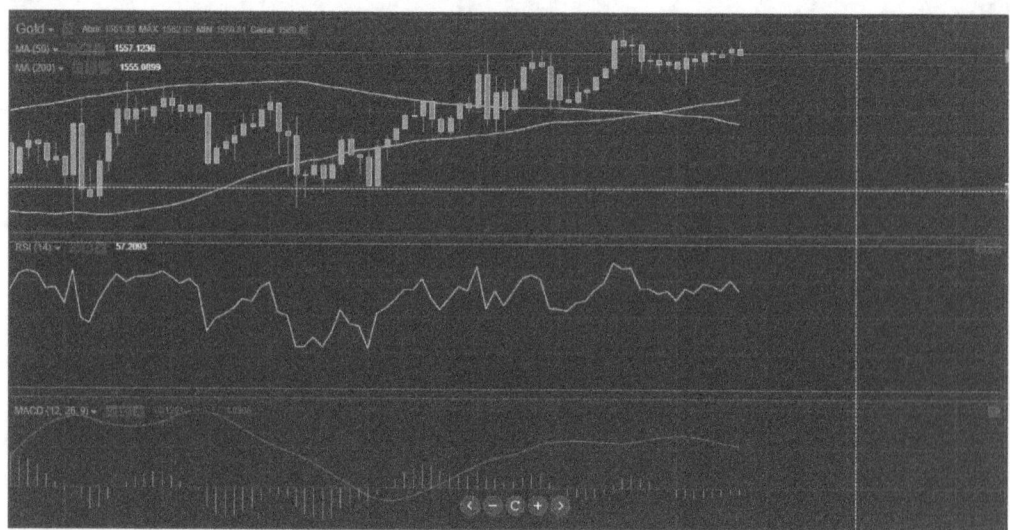

Como se puede apreciar en el gráfico al principio, las medias móviles de 50 y de 200 surgen efecto, en un principio la de 50 es perforada para después rebotar contra la de 200 y seguir la tendencia principal que es alcista.

Según lo que indica el RSI aún no se encuentra en nieles de sobreventa por lo que aún podemos seguir comprando.

Y el MACD nos demostró el impulso alcista al momento del cruce de las medias.

Sin embargo, conforme se va desarrollando el precio, según el análisis posterior pareciera que el precio está a punto de darse la vuelta ya que el MACD al final ya se encuentra cruzado hacia abajo y las medias móviles también lo cual sería suficiente indicio para cerrar posiciones alcistas e intentar entrar en compras.

LA ESTRATEGIA

Bien, ya llegados a este punto comenzaremos con la estrategia, es importante recalcar que ésta debe ser seguida al pie de la letra para que funcione, ya que ha sido analizándola cuidadosamente y probada muchas veces.

Para describir la estrategia que he desarrollado, se resume básicamente en esta frase. "Hay que minimizar las pérdidas y dejar correr las ganancias"

¿Esperamos pérdidas?
La respuesta es por supuesto que si.

En el mercado de divisas nada está dicho y por más que usted aprenda estrategias de todo tipo las pérdidas siempre existirán. Sin embargo, si controlamos las pérdidas para que sean mínimas y descontrolamos las ganancias por así decirlo la estrategia tendrá éxito.

COMPONENTES DE LA ESTRATEGIA

GESTIÓN MONETARIA

Es la correcta administración del efectivo que usted utilizará para operar.

Muchos brokers ofrecen plataformas donde se puede comenzar a operar con 10 dólares, sin embargo, esto es lo mas riesgoso que existe, ya que, aunque se aplique la estrategia con esa cantidad mínima, los resultados no serán satisfactorios y por ende lo más probable es que se pierda por completo el efectivo simplemente por la desesperación de ganar.
Lo indicado para operar sería $2.000 dólares ya que mientras más dinero usted utilice menor será el riesgo, porque el multiplicador será menor.

EL MULTIPLICADOR (APALANCAMIENTO)

Todas las plataformas los ofrecen, y no es más que es la forma de apalancar nuestro dinero, por ejemplo:

Si usted invierte $2,000.00 con un multiplicador de x 20, será igual a invertir 40,000.00 dólares reales.

Es muy sencillo calcular el apalancamiento, y según este mismo ejemplo: si usted invirtiese esa cantidad de efectivo su ganancia sería mayor a que si invirtiere $2,000.00 con un multiplicador de x 5 que nos da 10,000.00 dólares.

Sin embargo, así como el multiplicador le pueden ayudar a ganar más, también le pueden hacer perder más dinero, es por eso que es importante siempre mantener un equilibrio entre la ganancia que esperamos y las pérdidas que esperamos.

Para la estrategia aconsejo utilizar la siguiente tabla:

VALOR A INVERTIR	MULTIPLICADOR
2000	10
3000	10
4000	9,5
5000	8

En realidad, yo aconsejaría utilizar un multiplicador máximo de 10 con cualquier cantidad de efectivo no hay ningún problema, sin embargo, también aconsejo que mientras más efectivo usted tenga es preferible bajar el multiplicador; Pero recalco que no sea más de 10 ya que sería muy riesgoso para su capital.

REGLAS PARA OPERAR

- La estrategia dice no operar más de 3 veces al día y hacerlo siempre en horarios de volatilidad alta o en horas de la mañana o tarde, ya que se está manera usted se podrá dar cuenta hacia cual dirección se dirige el precio según el tipo de tendencia que esté tomando.

- No operar en horarios nocturnos o de volatilidad baja, ya que es difícil tratar de predecir el movimiento del precio porque las velas se mueven más lentamente.

- También dice que no se debe operar en días festivos, cuando aparece alguna noticia fuerte, ni tampoco en horarios de apertura o cierre de los mercados ya que existe mucha incertidumbre.

- No se pueden dejar operaciones abiertas en días de cierre del mercado (días de fin de semana).

La idea es que si usted opera máximo 3 veces al día pueda perder 1 operación y gane las otras 2 o en el mejor de los casos gane las 3 consecutivamente.

Si pierde más de 2 veces puede optar por dejar ahí las operaciones por ese día y repensar que fue lo que sucedió e intentarlo nuevamente con más fuerzas y con cabeza fría el día siguiente, repito, es normal perder y seguramente le pasará también.

Beneficios: Su ganancia será mínimo el 1% del capital invertido por día, por ejemplo, si usted invierte $2,000.00, entonces su ganancia será de 20 dólares. La estrategia funciona siempre que usted gane mínimo esa cantidad neta al día restando las pérdidas por supuesto. De esa forma en 22 días hábiles, usted habrá ganado 440 dólares.

Pérdidas: Las pérdidas están calculadas en Máximo el 1% diario. Siguiendo el mismo ejemplo anterior al igual que la ganancia, la pérdida será de 20 dólares como máximo en el día.

De esta manera si usted opera 3 veces, la estrategia monetaria es que gane en dos oportunidades y pueda perder en una, o como mínimo alcance una oportunidad ganadora al día. De esta forma podrá ser rentable a largo plazo.

APLICANDO LA ESTRATEGIA A LA OPERACIÓN

Descontando la información sobre los componentes de la estrategia y las reglas a operar, pasaremos a la operación como tal.

Paso 1. Analizar el calendario económico.

- Digamos que usted desea operar el día de hoy en el mercado del JPY/USD, entonces lo primero que debe hacer es analizar el calendario económico. Para esto, sugiero la página de INVESTING.COM.

No tengo ningún patrocinio de Investing.com, pero a mi puesto de vista es una página muy útil y de costo cero.

```
18:50  JPY    Encuesta Tankan: grandes
▼▼▼   ●       empresas manufactureras (1T)
              Actual: 11 | Prev.: 10 | Anterior: 13 ◆

18:50  JPY    Encuesta Tankan: grandes
▼▼▼   ●       empresas no manufactureras
              (1T)
              Actual: 34 | Prev.: 33 | Anterior: 32 ◆

18:50  JPY    Encuesta Tankan: previsiones de
▼▼▼   ●       la gran industria manufacturera
              (1T)
              Actual: 10 | Prev.: 11 | Anterior: 8

18:50  JPY    Encuesta Tankan: Capex en la
▼▼▼   ●       gran industria (1T)
              Actual: 4,0% | Prev.: 9,2% |
              Anterior: 13,2% ◆

18:50  JPY    Encuesta Tankan: Capex en la
▼▼▼   ●       pequeña industria (1T)
              Actual: -3,6% | Prev.: | Anterior: 8,3% ◆
```

Dentro del calendario económico, se encuentran las figuras de un "toro" sobre cada noticia. Esto simboliza el grado de volatilidad que se espera que que genere la noticia dentro del mercado, ya que se trata de una noticia importante.

SI la noticia tiene 3 toros, no se debe entrar en el mercado en ese horario. Por mi parte, recomendaría hasta 2 toros.

Paso 2. Analizar el gráfico.

Este paso es fundamental ya que una mala entrada provocará que la estrategia no funcione y se produzcan pérdidas. Entonces, para mitigar este riesgo será necesario analizar el grafico del activo al que vamos a operar por lo menos con 15 minutos de antelación a la operación. Independiente del activo que se vaya a operar, sugiero hacerlo en el horario de 10:00 am y 13:00 pm hora americana. Ya que, en este horario primero, al no conocer la dirección del precio en la apertura, se corre mucho riesgo al entrar apenas abre el mercado.

Lo mejor es esperar 30 minutos o 1 hora hasta que el mercado defina la dirección de la tendencia de ese dia. Por otro lado, recomiendo operar hasta antes del cierre y más específicamente hasta la 1 pm, ya que en ese horario se mueve la mayor parte del volumen diario.

Al ingresar al chart o grafico, lo primero que realizaremos será analizar la tendencia dominante mediante el análisis técnico (líneas de soporte y resistencia) e indicadores técnicos. Una vez que se identifique la tendencia dominante en el gráfico de 1 hora, buscaremos una entrada al alza o la baja en el gráfico de 1 a 5 minutos. De preferencia, sugiero que se busque una correlación entre los gráficos de 1 hora y de 5 minutos, con el fin de tomar posición en el gráfico de 1 minuto.

Paso 3. Buscar la mejor entrada posible.

<u>EN TENDENCIA ALCISTA:</u>

La entrada siempre se ejecutará en un retroceso bajista. Por ejemplo, si en el gráfico de 1 hora se identifica que estamos en una tendencia alcista pero que al momento nos encontramos en un retroceso que permitirá continuar con la tendencia, y que el rebote al alza ya se está efectuando desde la línea de soporte, entonces buscaremos la mejor entrada en el gráfico de 1 o 5 min.

Así como el caso que detalló a continuación:

GRAFICO EN 1 HORA

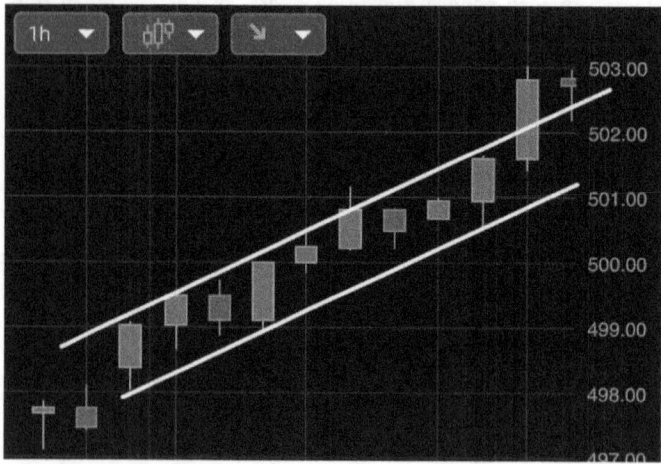

GRAFICO EN 5 MINUTOS

GRAFICO EN 1 MINUTO (LA ENTRADA)

De antemano pido una disculpa ya que no pude encontrar el gráfico de 1 min. Sin embargo, en el mismo gráfico de 5 min se puede ilustrar el punto de la entrada.

En este caso, estamos entrando justo después del retroceso bajista una vez que el precio se ha estabilizado en la línea de soporte y ha superado a la vela anterior.

Justo en este ejemplo se puede ilustrar perfectamente la importancia del control del apalancamiento, ya que no es posible detectar con exactitud cuál será la vela que continuará el movimiento alcista, y por lo tanto, en tres ocasiones el precio tocó la línea de soporte. Para evitar el riesgo, es importante no entrar con un apalancamiento muy alto para que el precio tenga la holgura de moverse incluso en nuestra contra, hasta que la tendencia se retome.

Una vez que el precio retome la tendencia, dependerá del horizonte a mediano plazo (1 a 4 horas) el objetivo de toma de beneficios.

STOP LOSS: El stop loss debe ubicarse debajo de la línea de tendencia.

Conforme el precio avance al alza, debe irse re ajustado el stop loss al alza hasta que nos encontramos en una posición en la cual el riesgo se haya mitigado y nos encontramos en beneficios casi garantizados.

EN TENDENCIA BAJISTA Y LATERAL:

Aplica exactamente la misma forma de operar. Sin embargo, no recomiendo tanto operar en laterales ya que por lo general se tratan de espacios de descanso del precio donde posteriormente se suele retomar una tendencia o puede existir un cambio de tendencia. En ambos casos, suele ser impredecible. Y es aquí donde nos apoyaremos de los indicadores técnicos para tomar una decisión.

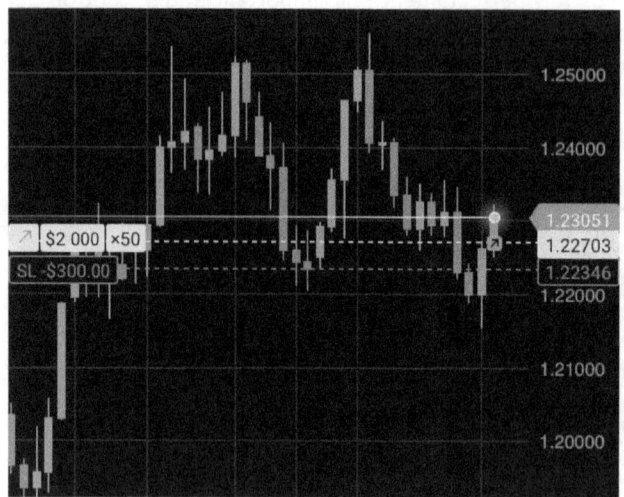

En el caso de operar en tendencia bajista, buscaremos un retroceso al alza como en la siguiente imagen:

¿QUÉ HACER SI TENEMOS DUDAS EN LA ENTRADA O RESPECTO A LA TENDENCIA?

En este caso, lo recomendable será apoyarnos con los indicadores técnicos como el RSI principalmente. Aunque siempre será mejor evitar esta entrada y esperar alguna otra oportunidad.

RECOMENDACIÓN PERSONAL:

Siempre mi recomendación será que se busque con el trading una oportunidad de vida, ¿qué quiero decir con esto? Que exista una preparación suficiente sea del lado monetario como del lado de la estrategia para no buscar muchas entradas, sino buscar una entrada que nos pueda cambiar la vida y mantenerla abierta por un mediano y largo plazo hasta que el riesgo haya sido cubierto al 100% y lo único que obtengamos de ahí en adelante seña beneficios. Esto al final del día dependerá de los siguientes factores:

-**Apalancamiento moderado o bajo.**
-**Una buena entrada.**
-**Horizonte a mediano y largo plazo para la toma de beneficios.**

De esta manera, aliento a usted estimado lector a que planifique con tiempo y sin presiones aplicar esta estrategia.

Recuerde que mientras más efectivo y menos apalancamiento se utilice, menor será el riesgo de perder dinero; y, si a eso le sumamos una buena entrada, sus probabilidades de éxito serán mayores. Y a mi punto de vista, esa es la mejor manera de operar.

www.ingramcontent.com/pod-product-compliance
Lightning Source LLC
Chambersburg PA
CBHW070959220526
45471CB00007B/3100